Regulativ

über die

Dienstwohnungen der Staatsbeamten.

Vom 26. Juli 1880.

Ergänzt durch den Nachtrag vom 20. April 1898.

Nebst dem

Ausführungserlaß des Finanzministers

vom 27. Oktober 1880.

Zweite Ausgabe.

Berlin SW. 48.
Wilhelmstraße 119/120.
J. Guttentag, Verlagsbuchhandlung,
G. m. b. H.
1898.

Auf den Bericht des Staatsministeriums vom 31. Mai d. J. will Ich dem hierbei wieder zurückerfolgenden Regulativ über die Dienstwohnungen der Staatsbeamten hierdurch Meine Genehmigung ertheilen.

Bad Gastein, den 26. Juli 1880.

(gez.) **Wilhelm.**

(ggez.) Graf zu Stolberg-Wernigerode. v. Kameke. Hofmann. Graf zu Eulenburg. Maybach. Bitter. v. Puttkamer. Dr. Lucius. Dr. Friedberg.

An das Staatsministerium.

Regulativ
über die
Dienstwohnungen der Staatsbeamten.
Vom 26. Juli 1880.

---

§. 1.

Geltungsbereich.

Dieses Regulativ findet Anwendung auf alle Dienstwohnungen der Staatsbeamten, der Beamten und Lehrer staatlicher oder vom Staate zu unterhaltender Unterrichts-Anstalten, sowie derjenigen Geistlichen und Schullehrer, welchen der Staat in ihrer Eigenschaft als solche Dienstwohnungen überläßt, unbeschadet der ihnen etwa zustehenden Befreiung von Kommunallasten und Abgaben.

§. 2.

Ausgeschlossen bleiben die Lokalbeamten der Domainen- und Forst-Verwaltung, sowie die zum Ressort der Bergwerks-, Hütten- und Salinen-Verwaltung gehörigen Werks-Unterbeamten mit Rücksicht auf die besonderen dieserhalb bestehenden Vorschriften.

Auch findet das Regulativ auf Geistliche, Kirchenbeamte und Schullehrer, denen Dienstwohnungen von Kommunen und fiskalischen oder Privatpatronen überwiesen sind, keine Anwendung.

Anmerkung. (Allerhöchster Erlaß vom 27. April 1881 an die Minister der Finanzen und der Geistl. rc. Angelegenheiten.) „Auf Ihren gemeinschaftlichen Bericht v. 25. d. M. genehmige Ich, daß die Vorschriften des Regulativs über die Dienstwohnungen der Staatsbeamten vom 26. Juli 1880 vom 1. April d. J. ab auch auf die Dienstwohnungen der Beamten der unter staatlicher Verwaltung stehenden Stiftungsanstalten und Stiftungsfonds des Ressorts der geistlichen, Unterrichts- und Medicinal-Verwaltung zur Anwendung gebracht werden."

Ober-Aufsicht.

§. 3.

Die zuständige Aufsichtsbehörde hat die Befolgung der den Inhabern obliegenden Verpflichtungen zu überwachen, von dem Zustande der Dienstwohnungen sowohl während der Benutzung Seitens der Inhaber, als auch während der Uebergangsfrist zwischen Rückgewähr und Uebergabe durch ihre Verwaltungsorgane oder Techniker Kenntniß zu nehmen und bei Wahrnehmung von Verstößen und Mängeln die entsprechende Abhülfe anzuordnen.

Inventarium.

§. 4.

Ueber jede Dienstwohnung nebst Zubehör muß ein vollständiges und übersichtliches, geeignetenfalls mit einem Grundplan oder doch mit einer Handzeichnung zu versehendes Inventarium in zwei gleichlautenden Exemplaren, von denen das eine durch die Aufsichtsbehörde (§. 3), das andere durch den Wohnungsinhaber aufbewahrt wird, angelegt und durch Nachtragung aller während der Benutzungszeit genehmigten Abänderungen vervollständigt werden, so daß das Inventarium stets den zeitigen Stand der Wohnungen erkennen läßt und eine ausreichende Grundlage für die Rückgewähr bildet.

§. 5.

Das Inventarium muß enthalten:

a) Zahl, Maß und Ausstattung der Räume,
b) die Bezeichnung der etwaigen Repräsentationsräume und ihrer Ausstattung,
c) die auf der Wohnung oder dem Dienstgrundstück haftenden Lasten und Besitzeinschränkungen,
d) bei Dienstwohnungen mit Garten, oder Ackernutzung die Angabe des Flächeninhalts und die Beschreibung der Grenzen, be-

ziehentlich der Bewährungen u. s. w. gegen die Nachbargrundstücke, sowie einen Vermerk darüber, ob und welche Vergütung der Wohnungs-Inhaber für die Nutzung der Ländereien zu entrichten hat.

Im Uebrigen bestimmt sich die Einrichtung des Inventariums in Form und Inhalt nach den besonderen Verhältnissen der Dienstwohnung.

§. 6.

Der Wohnungsinhaber darf in dem von ihm aufzubewahrenden Exemplar des Inventariums eigenmächtig keine Eintragung vornehmen. Die Nachtragung der Abänderungen erfolgt in beiden Exemplaren des Inventariums gleichlautend, auf Anordnung der Aufsichtsbehörde. Etwaige Mängel des Inventariums sind bei den im §. 3 erwähnten Revisionen beziehungsweise bei der Abnahme oder Uebergabe der Dienstwohnungen zu berichtigen.

§. 7. Zuweisung und Entziehung.

Die Ueberlassung von Dienstwohnungen erfolgt nach Maßgabe des Etats. Die Annahme einer vom Staate angewiesenen Dienstwohnung kann nicht verweigert werden. Wird dem Beamten auf seinen Antrag aus besonderen Gründen die Benutzung der Dienstwohnung erlassen, so erfolgt die Festsetzung der näheren Bedingungen durch den Ressortchef im Einvernehmen mit dem Finanz-Minister.

§. 8.

Der Inhaber einer Dienstwohnung darf dieselbe oder einen Theil oder ein Zubehör derselben ohne Genehmigung der Aufsichtsbehörde weder abtreten noch vermiethen.

§. 9.

Aus der Zuweisung einer Dienstwohnung erwirbt der Beamte keinen Anspruch auf dauernde Belassung derselben, vielmehr hat die Rückgewähr auch dann, wenn letztere bei der Ueberweisung nicht ausdrücklich vorbehalten ist, auf Verlangen der vorgesetzten Behörde binnen einer von der letzteren zu bestimmenden angemessenen Räumungsfrist, zu erfolgen, ohne daß dem Beamten hierdurch ein Anspruch auf besondere Entschädigung erwächst.

§. 10.

Die Uebergabe und die Rückgewähr einer Dienstwohnung wird in allen Fällen durch einen von der Aufsichtsbehörde ernannten Kommissar bewirkt, welcher hierbei den neu einziehenden Beamten ausdrücklich zu eröffnen hat, daß für die Ueberweisung und Benutzung der Dienstwohnung die Bestimmungen dieses Regulativs maßgebend sind.

In der über den Hergang aufzunehmenden von den Betheiligten zu vollziehenden Verhandlung sind alle Mängel, welche sich bei der Besichtigung unter Zugrundelegung des Inventars ergeben, zu verzeichnen.

Gleichzeitig ist anzugeben, ob die für die Abhülfe aufzuwendenden Kosten der Staatskasse oder dem bisherigen Inhaber, beziehentlich dessen Erben zur Last fallen. Die Abschätzung der Herstellungskosten hat durch den Kommissar und bei höheren Beträgen durch den zuzuziehenden Techniker zu erfolgen.

§. 11.

Kommt wegen der Abhülfe solcher Mängel und Schäden, die nicht für Rechnung der Verwaltung zu beseitigen sind, zwischen dem bisherigen Inhaber, beziehentlich dessen Erben und dem neu anziehenden Inhaber ein Vergleich zu Stande, so ist dessen Inhalt in die Verhandlung aufzunehmen. Dasselbe gilt, wenn die Mängel und die erfolgte Abschätzung als richtig anerkannt und die Kosten der erforderlichen Herstellung von dem abziehenden Beamten, bezw. dessen Erben, übernommen werden. Andernfalls ist der Sach- und Streitstand genau zu verzeichnen und durch den Kommissarius der Aufsichtsbehörde zur Entscheidung vorbehaltlich des Rechtsweges vorzulegen.

§. 12.

Der Wohnungsinhaber oder dessen Erben sind verpflichtet, den im gütlichen Wege ermittelten oder von der Aufsichtsbehörde festgestellten Kostenbetrag (§. 11) zur Staatskasse einzuzahlen. Dieselben bleiben außerdem zur Nachzahlung eines demnächst etwa verausgabten, gehörig belegten Mehrkostenbetrages verpflichtet. Ein etwaiger Mehrbetrag der Einzahlung über die wirklich erwachsenen Kosten ist ihnen dagegen zurückzuerstatten.

§. 13.

Können Rückgewähr und Uebergabe der Dienstwohnung nicht gleichzeitig vorgenommen werden, so ist dieselbe an einen Beamten oder eine sonst geeignete Person zur Beaufsichtigung und Erhaltung zu übergeben. Hierüber, sowie über die dem Aufseher etwa zu gewährende Entschädigung hat der Kommissar das Nähere in das Protokoll aufzunehmen. Die

Uebergabe und Rückgewähr der Dienstwohnung ist thunlichst durch denselben Kommissar zu bewirken.

§. 14.

Unterhaltungspflicht des Wohnungsinhabers.

Dem Wohnungsinhaber liegen — außer der Fürsorge für die Reinigung und Lüftung — die nachstehenden Leistungen ob:

a) die Erhaltung der Verglasung in den Fenstern, Glasthüren, Glaswänden und Oberlichtern, letztere soweit sie nicht als ein Theil des Daches anzusehen sind;

b) das Fegen der Schornsteine nebst der Reinigung der Heizkörper und ihrer Feuerzüge von Ruß, Asche und Schlacken;

c) die Unterhaltung der Oefen, Kochheerde, Bratöfen, Kesselfeuerungen, Koch- und Back-Apparate bezüglich der durch den fortgesetzten Gebrauch nöthig gewordenen Reparaturen, jedoch unter Ausschluß ihrer Erneuerung und ihres Umsetzens (§. 15 litt. b.);

d) die Unterhaltung der Beschläge und Schlösser an Thüren und Fenstern, sofern das Bedürfniß nur einzelne Theile derselben betrifft, und nicht eine Erneuerung des Gesammtbeschlages oder des ganzen Schlosses erforderlich ist, ingleichen die Unterhaltung vorhandener Glockenzüge oder ähnlicher Vorrichtungen zum Herbeirufen des Gesindes;

e) der Anstrich der inneren Thüren und Fenster, der Paneele, hölzernen Verschläge und Wandschränke, soweit einzelne durch den Gebrauch abgenutzte Stellen eine Wiederherstellung der Farbendecke erfordern und das Bedürfniß eines neuen Anstrichs des gesammten Objekts nicht anzuerkennen ist (§. 15 litt. c.);

f) das Bohnen und Frottiren der Dielungen und Fußleisten in den durch den Gebrauch und das Erhaltungsbedürfniß bedingten Fristen, sowie kleine Reparaturen des Anstrichs der Fußbodendielung;

g) die Unterhaltung der inneren Wände und der Decken in Betreff ihrer Tünche, Färbung und Malerei, oder Tapezierung, das hierbei etwa erforderliche Abreiben des Abputzes, sowie die Beseitigung unwesentlicher Verletzungen des Putzes und das Abreiben unrein gewordener Tapetenwände und Decken, insofern es sich nicht um eine Erneuerung der Gesammtflächen handelt;

h) die Unterhaltung derjenigen Theile der Wasser- und Gasleitungen, welche mit dem Gebäude nicht in fester Verbindung stehen, sowie die Beschaffung und Unterhaltung der zu diesen Anlagen etwa erforderlichen, unter den Begriff der Mobilien fallenden Gegenstände, wie z. B. der nicht befestigten Wannen, Gartenspritzen Schläuche, Kronleuchter, tragbaren Lampen und dergleichen, ferner die Aufwendung der Kosten für den Verbrauch des durch die Leitungen zugeführten Wassers und Gases und die Vorkehrung zum Schutze der Leitungen gegen das Einfrieren;

*) i) die Wiederherstellung des früheren Zustandes im Falle von Beschädigungen, welche durch Muthwillen oder Fahrlässigkeit des Inhabers, seiner Angehörigen und seines Gesindes veranlaßt sind, — nach Maßgabe der Vorschriften des bürgerlichen Rechts;

k) die Uebernahme solcher Abgaben und Lasten, welche der Miether gesetzlich oder ortsüblich zu den Kommunalbedürfnissen zu leisten hat, sowie:

die Uebernahme der Einquartierungslast, wenn dieselbe durch die Gemeindebehörden beziehentlich durch Ortsstatut auf die Wohnungsinhaber lediglich nach Maßgabe des entbehrlichen Raumes vertheilt ist, mag dieselbe in natura oder in Geld zu leisten sein;

l) die Anschaffung und Unterhaltung von Gegenständen des Luxus, der Neigung oder Bequemlichkeit, sowie der Pflanzungen und der Verbesserungen, welche der Inhaber in dem mit der Dienstwohnung etwa verbundenen Garten oder Ackerlande bewirkt hat, dergestalt, daß der Inhaber hierfür weder eine Entschädigung aus der Staatskasse noch auch die Uebernahme jener Gegenstände oder Anlagen Seitens des Dienstnachfolgers verlangen darf;

m) die Unterhaltung der zur Dienstwohnung gehörigen Gärten, soweit nicht besondere Festsetzungen getroffen sind.

Bei einem gemeinsamen Gebrauch von Räumen und Anlagen zu mehreren Dienstwohnungen werden die den Wohnungsinhaber treffenden Kosten nach Bestimmung der Aufsichtsbehörde antheilig von jedem Inhaber getragen†).

†) Der Schlußsatz von §. 14 bezieht sich auf sämmtliche Fälle unter a—m. Erlaß des Finanzministers vom 14. April 1881 I. 4963.

---

*) letzter Satz ist durch den Nachtrag vom 20. April 1898 hinzugefügt worden.

§. 15.

Unterhaltung durch den Staat.

Soweit die Kosten der Unterhaltung der Dienstwohnungen nicht dem Inhaber auferlegt sind, fallen dieselben der Staatskasse zur Last, insbesondere treffen die letztere:

a) die Herstellung aller Schäden, welche von Naturereignissen, Gewittern, Orkanen, Hagelschlag, Erdbeben u. s. w. angerichtet werden;

b) die nothwendige Erneuerung von Hauptbestandtheilen der Feuerungen und Heizungen, namentlich von Heizthüren, Rauchröhren, Kochplatten, Kacheln und metallenen Muffeln oder Einsätzen der Bratöfen, insofern die Nothwendigkeit der Erneuerung nicht durch fahrlässigen Gebrauch veranlaßt ist (§. 14 litt. c.); *)

c) die Unterhaltung und Erneuerung von plastischen Ausstattungen, sowie des Anstrichs der äußeren Thüren, Doppelthüren, Thore, Fenster, Doppelfenster, Fensterbretter und inneren und äußeren Fensterläden auf beiden Seiten, desgleichen der Anstrich der inneren Thüren und Fenster, der Paneele, hölzernen Verschläge und Wandschränke, wenn das Bedürfniß sich nicht auf einzelne schadhafte Stellen beschränkt, endlich das Verkitten der Scheiben außer dem im §. 14 litt. a. vorgesehenen Falle;

d) die Erneuerung von Hauptbestandtheilen der Glockenzüge oder ähnlicher Vorrichtungen zum Herbeirufen des Gesindes;

e) die Unterhaltung und Erneuerung von Garten- und Hofbewährungen, einschließlich der Pforten, Thorwege und Thore;

f) die Unterhaltung und Erneuerung des zur Erhaltung der Dielungen dienenden Anstrichs und das damit verbundene Verkitten der Fugen;

g) die sonst nach §. 14 dem Wohnungsinhaber obliegende Unterhaltung der davon betroffenen Gegenstände in allen den Fällen, in welchen die Ursachen des Reparatur- und Erneuerungsbedürfnisses erweislich aus Mängeln der ersten Anlage oder aus Veränderungen in der technischen Struktur des Gebäudes, wie

---

*) Anmerkung. — Die Beschaffung und Unterhaltung von Heizgeräthschaften und anderer zum Heizen, Kochen, Backen, Waschen u. s. w. erforderlichen Mobilien trifft ausschließlich den Wohnungsinhaber.

Rissen und Lösungen der Mauern oder Decken u. s. w. hervorgehen;

h) die Uebernahme der Einquartierungslast, wenn dieselbe durch die Gemeindebehörden beziehentlich durch Ortsstatut auf die Hauseigenthümer vertheilt ist.

§. 16.

Bei gemeinsamer Benutzung von Gebäuden zu Dienstwohnungen und Geschäftsräumen gelten folgende Bestimmungen:

1. In den zu beiden Zwecken gemeinschaftlich benutzten Räumen, wie Fluren, Corridoren, Treppen u. s. w. trägt der Staat auch die dem Wohnungsinhaber obliegenden Leistungen;
2. zu den im §. 14 b bezeichneten Kosten leistet der Wohnungsinhaber einen von der Aufsichtsbehörde festzusetzenden angemessenen Beitrag;
3. von den im §. 14 k bezeichneten Kommunal-Abgaben und Lasten trägt der Staat für die Geschäftsräume, soweit an sich keine Befreiung desselben begründet ist, einen angemessenen Antheil.

§. 17.

Ausnahme zu Gunsten der Unterbeamten.

Unterbeamte haben nur die in dem §. 14 sub litt. a, h, i, k und l aufgeführten Leistungen zu erfüllen. Als Unterbeamte im Sinne dieses Regulativs gelten die in Gemäßheit des Gesetzes vom 24. Februar 1877, betreffend die Umzugskosten der Staatsbeamten (G.-S. S. 15) §. 1 Nr. VIII. zu den Unterbeamten zu zählenden Staatsbeamten.

§. 18.

Vergütung.

Die §§. 18 bis einschließlich 22 des Regulativs werden vom 1. April 1898 ab aufgehoben und durch folgende Bestimmungen ersetzt:

Sofern die Dienstwohnung nicht im Etat als freie bezeichnet und dem Beamten als solche bewilligt ist, hat dieser für ihre Benutzung eine Vergütung an die Staatskasse zu leisten.

Diese Vergütung wird bezüglich etatsmäßiger Beamten auf die für sie in Betracht kommenden Sätze des Wohnungsgeldzuschusses festgesetzt und durch deren Einbehaltung nach §. 4 Abs. 2 des Gesetzes vom 12. Mai 1873, betreffend die Gewährung von Wohnungsgeldzuschüssen (G.-S. S. 209), beglichen.

Bezüglich außeretatsmäßiger Beamten, welche ein monatsweise zahlbares Diensteinkommen beziehen, ist sie nach Hunderttheilen dieses Diensteinkommens zu bemessen und nach der Klasseneintheilung abzustufen, wie solche in Gemäßheit des Gesetzes vom 25. Juni 1868, betreffend die Quartierleistung für die bewaffnete Macht während des Friedenszustandes (Bundes-Gesetzblattes S. 523), durch den jeweiligen Servistarif gegeben ist. Danach beträgt die zu zahlende Vergütung:

in Orten der Servisklasse	A . .	10	vom Hundert,
„ „ „ „	I . .	$7^1/_2$	„ „
„ „ „ „	II . .	6	„ „
„ „ „ „	III . .	5	„ „
„ „ „ „	IV . .	4	„ „
„ „ „ „	V . .	$3^1/_2$	„ „

des Diensteinkommens.

Bei Veränderungen in der Servisklassen-Eintheilung kommt mit dem Beginne des auf ihre Verkündigung folgenden Kalendervierteljahres der veränderte Satz der Miethsvergütung zur Anwendung.

Tagegeld-Empfänger sind von Entrichtung der Miethsvergütung frei zu lassen.

Beamte (mit Einschluß der Militäranwärter), welchen die einstweilige Verwaltung einer Dienststelle übertragen und hierbei die mit der Stelle verbundene Dienstwohnung angewiesen worden ist, können für die Dauer dieses Verhältnisses von der Leistung der Vergütung entbunden werden.

§. 23.

Für die Benutzung von Gärten, welche nach der von dem Verwaltungschef zu treffenden Entscheidung als Zubehör der Dienstwohnung anzusehen sind, ist eine Vergütung an die Staatskasse nicht zu entrichten.

§. 24.

Insoweit Beamten die Benutzung von Dienstwohnungen zur Zeit des Inkrafttretens dieses Regulativs gegen eine geringere Vergütung verstattet ist, tritt die Berechnung der höheren Vergütung erst in dem Falle ein, wenn dem Wohnungsinhaber eine das Mehr der Vergütung übersteigende Erhöhung seines Diensteinkommens zu Theil wird.

§. 25.

Dienstwohnungen mit Repräsentation.

In Betreff der Dienstwohnungen, die einer Ausstattung mit Mobiliar, Tafel-, Haus- und Wirthschaftsgeräth bedürfen, bleiben die Vorschriften des Allerhöchsten Erlasses vom 24. Juni 1861, in Betreff der Dienstwohnungen der Minister diejenigen des Allerhöchsten Erlasses vom 12. Februar 1866 und bezüglich der Gärten diejenigen des Allerhöchsten Erlasses vom 19. November 1862 maßgebend.

§. 26.

Mobilien und Ausstattungsgegenstände, welche auf Kosten des Staats für die Repräsentationsräume einer Dienstwohnung beschafft und bei diesem im Inventarium (§. 5 litt. b.) verzeichnet sind, dürfen von dem Wohnungsinhaber in anderen Räumen nicht verwendet werden.

§. 27.

Bei Dienstwohnungen mit Repräsentationsräumen werden in letzteren sämmtliche für Wiederherstellung oder Erneuerung der Wand- und Deckenflächen, mögen sie getüncht, gefärbt, gemalt, tapezirt oder mit plastischer Bekleidung ausgestattet sein, erforderlichen Ausgaben, ingleichen die Kosten für Unterhaltung und Erneuerung des Anstrichs der inneren Thüren und Fenster, der Paneele, hölzernen Verschläge und Wandschränke, sowie für Beschaffung und Unterhaltung von Glockenzügen oder ähnlicher Vorrichtungen zum Herbeirufen des Gesindes, von der Staatskasse getragen.

§. 28.

Gehört zu Dienstwohnungen, deren Inhabern eine Repräsentation obliegt, ein Garten, so fällt die Unterhaltung desselben der Staatskasse zur Last. Welche Dienstwohnungen hierher zu rechnen sind, wird durch den Verwaltungschef im Einvernehmen mit dem Finanz-Minister bestimmt. Die Unterhaltungskosten der Gärten sind zu veranschlagen und in den Kassenetats als Unterfonds zu vermerken.

§. 29.

Verfahren bei Veränderungen in den Dienstwohnungen.

Veränderungen in der Anordnung und Ausstattung der Dienstwohnungen nebst Zubehör sind nur unter Zustimmung der Aufsichtsbehörde und Berichtigung des Inventars (§§. 4 ff.) statthaft.

§. 30.

Die Aufsichtsbehörde hat bei Genehmigung des Gesuchs zu bestimmen:

a) ob bei der Rückgewähr der frühere Zustand wieder herzustellen oder die Abänderung beizubehalten ist;

b) ob letzteren Falls der für die Staatskasse sich ergebende Vortheil dazu angethan erscheint, einen Beitrag aus Staatsmitteln zu den Herstellungskosten entweder sofort oder bei der Rückgewähr bei dem Verwaltungschef in Antrag zu bringen.

§. 31.

Dienstwohnungen in gemietheten Gebäuden.

Auf Dienstwohnungen, welche vom Staate angemiethet sind, findet dieses Regulativ nur insoweit Anwendung, als es die besonderen Verhältnisse des einzelnen Falles, insbesondere der abgeschlossene Miethsvertrag gestatten. Sind von der Behörde in dem Miethsvertrage besondere Verpflichtungen in Betreff der Unterhaltung der Räume oder ihrer Zubehörungen übernommen, so hat der Wohnungsinhaber für Erfüllung solcher Verabredungen in der Regel nur insoweit aufzukommen, als Verpflichtungen gleicher Art den Inhaber einer Dienstwohnung in einem Staatsgebäude treffen würden, während alle weitergehenden Verpflichtungen dem Staate zur Last fallen.

Die nähere Festsetzung hierüber bleibt im Einzelfalle dem Verwaltungschef vorbehalten.

§. 32.

Bei Dienstwohnungen in angemietheten Räumen darf die Aufnahme eines Inventars (§. 4) unterbleiben, sofern der Miethsvertrag die erforderlichen Angaben in ausreichender Uebersichtlichkeit enthält.

§. 33.

Schlußbestimmungen.

Das vorstehende Regulativ tritt für den ganzen Umfang der Monarchie mit dem 1. April 1881 in Kraft.

Die entgegenstehenden Vorschriften, namentlich das Regulativ vom 18. Oktober 1822 und die dasselbe ergänzenden und abändernden Bestimmungen sind aufgehoben.

Das Regulativ findet auch auf die Beamten Anwendung, welche sich am 1. April 1881 im Genusse einer Dienstwohnung befinden. Nur für diejenigen dieser Beamten, denen zur Zeit des Inkrafttretens dieses Regulativs ein Rechtsanspruch auf eine besondere Behandlung hinsichtlich der Unterhaltungspflicht ihrer Dienstwohnungen zusteht, bewendet es auf deren Verlangen lediglich bei den jenen Anspruch begründenden Vorschriften.

§. 34.

In zweifelhaften Fällen bei Anwendung dieses Regulativs entscheidet der Verwaltungschef im Einvernehmen mit dem Finanz-Minister.

Erlaß des Finanzministers zu dem Regulativ.*)

(Min.-Blatt f. d. inn. Verwaltung 1880 S. 263.)

Berlin, den 27. Oktober 1880.

Die Königliche Regierung erhält anbei .... Druck-Exemplare des unterm 26. Juli d. Js. Allerhöchst genehmigten, mit dem 1. April k. Js. in Kraft tretenden Regulativs über die Dienstwohnungen der Staatsbeamten.

Für die Ausführung dieses Regulativs, durch welches alle seither hinsichtlich der Dienstwohnungen erlassenen allgemeinen und besonderen Vorschriften aufgehoben sind, wird auf nachstehende Gesichtspunkte hingewiesen:

1. Zur Sicherung einer ordnungsmäßigen Führung der Inventarien (§§. 4—6 des Regulativs) ist es erforderlich, daß zwischen den beiden, durch die Aufsichtsbehörde und durch den Wohnungsinhaber aufzubewahrenden Exemplaren des Inventariums stets vollständige Uebereinstimmung in Form und Inhalt stattfindet.

   Neben der im §. 3 des Regulativs erwähnten allgemeinen Prüfung des Zustandes der Dienstwohnungen sind die Inventarien sowohl bei der Uebergabe und Rückgewähr der Dienstwohnungen, als auch während der Benutzung Seitens des Inhabers der Regel nach alljährlich einmal einer Revision zu unterziehen. Dieselbe hat sich auf die Prüfung der im Inventarium nachgetragenen Zugänge, der nachgewiesenen Abgänge und auf das Vorhandensein der sonach verbliebenen Gegenstände zu erstrecken.

   Ueber das Ergebniß einer jeden Revision ist eine Verhandlung aufzunehmen und zu den Akten zu bringen.

---

*) Vgl. auch die hiermit wesentlich übereinstimmenden Erlasse des Justizministers vom 14. Dezember 1880 (Just.-Min.-Bl. S. 330.) und des Ministers der Geistl. 2c. Angelegenheiten vom 24. November 1880. G. III. 8236.

2. Da die Ueberlassung von Dienstwohnungen nur nach Maßgabe des Etats zu erfolgen hat (§. 7 des Regulativs), so müssen sämmtliche den Beamten überwiesene Dienstwohnungen in den Special-Etats der betreffenden Verwaltungen aufgeführt werden. Ist für die Dienstwohnung eine Vergütung nicht zu entrichten, so ist dieselbe als „freie" zu bezeichnen (§. 18 des Regulativs).*)

3. Bei der Uebergabe der Dienstwohnung ist dem neu einziehenden Beamten die im §. 10 des Regulativs bezeichnete ausdrückliche Eröffnung zu machen, daß für die Ueberweisung und Benutzung der Dienstwohnung die Bestimmungen dieses Regulativs maßgebend sind. Daß dies geschehen, ist in die Uebergabe-Verhandlung aufzunehmen.

4. Die erleichterte Unterhaltungspflicht des Wohnungsinhabers bedingt eine strenge und unausgesetzte Aufsicht über den Zustand der Dienstwohnung und über die dem Inhaber obliegenden Leistungen, wie solches im §. 3 des Regulativs vorgeschrieben ist.

Da abweichend von den bisherigen Vorschriften nach den Bestimmungen im §. 14 litt. g und §. 15 litt. c des Regulativs die Kosten der Tapezierungen, der Erneuerung des Anstrichs der Wände, Decken, Thüren, Fenster u. s. w. die Staatskasse treffen, sofern es sich um eine Wiederherstellung der Gesammtflächen handelt, so ist in der Regel zunächst das Bedürfniß sorgfältig festzustellen, namentlich darauf zu sehen, ob eine den besonderen Verhältnissen entsprechende Abnutzungszeit vergangen ist und ob nicht die Nothwendigkeit der Wiederherstellung durch Muthwillen oder Fahrlässigkeit des Inhabers, seiner Angehörigen oder seines Gesindes veranlaßt ist, so daß der Inhaber nach der Bestimmung im §. 14 litt. i für die Wiederherstellung des früheren Zustandes in Anspruch zu nehmen ist.

5. Nach §. 17 des Regulativs gelten als Unterbeamte, denen eine erhebliche Erleichterung in der Unterhaltungspflicht der Dienstwohnungen zu Theil wird, die in Gemäßheit des Gesetzes vom 24. Februar 1877, betreffend die Umzugskosten der Staatsbeamten (G.-S. S. 15), §. 1 Nr. VIII zu den Unterbeamten zu zählenden Staatsbeamten. Ausgeschlossen hiervon bleiben

*) Vgl. jetzt den Nachtrag vom 20. April 1898 unter II.

diejenigen Beamten, welche nach §. 1 ad VII im Artikel I des Gesetzes vom 28. Juni 1875, betreffend die Abänderung des Gesetzes vom 24. März 1873 über die Tagegelder und Reisekosten der Staatsbeamten (G.-S. S. 370), zu einem Tagegeldersatze von 4 Mk. 50 Pf.*) berechtigt sind und dementsprechend zu der Klasse VII im §. 1 des gedachten Umzugskosten-Gesetzes gezählt werden.

Nr. 6 hat, da Uebergangsbestimmung, jetzt die praktische Bedeutung verloren.

7. Für die Benutzung von Gärten, welche als Zubehör der Dienstwohnung anzusehen sind, ist eine Vergütung an die Staatskasse nicht zu entrichten (§. 23 des Regulativs). Es wird dieses in der Regel zutreffen, wenn die Gärten nur für die Erholung des Inhabers oder für die Erzielung von Gemüsen oder Gartenfrüchten seines Haushaltsbedarfs bestimmt sind und ihre Lage eine andere Verwerthung nicht thunlich erscheinen läßt. Sind die Gärten jedoch nach dem Umfange ihres Areals für eine landwirthschaftliche Nutzung oder vermöge ihrer abgesonderten Lage zur Einzelverpachtung geeignet, so ist für den Genuß einer derartigen Nutzung von dem Wohnungsinhaber eine derselben entsprechende und durch sachverständige Schätzung zu ermittelnde Vergütung zu zahlen. Walten in Fällen vorstehender Art Zweifel ob, so ist die diesseitige Entscheidung einzuholen. Insoweit von dem Wohnungsinhaber für die Benutzung von Gärten bisher eine Vergütung entrichtet ist, behält es hierbei bis auf Weiteres sein Bewenden.

Sofern sich bei Anwendung dieses Regulativs noch in dem einen oder dem andern Punkte prinzipielle Bedenken ergeben sollten, so bleibt dieserhalb hierher zu berichten.

Der Finanz-Minister.

Bitter.

---

*) Vgl. jetzt §. 1 ad VII im Artikel I des Gesetzes, betreffend die Tagegelder und Reisekosten der Staatsbeamten vom 21. Juni 1897 (G.-S. S. 193), wonach der Tagegeldersatz 6 Mark beträgt.

Druck von Otto Walter in Berlin S.

Kolibri 360 GmbH
Ferdinand-Jühlke-Straße 7
99095 Erfurt, Deutschland
produktsicherheit@kolibri360.de